BEI GRIN MACHT SICH IHR WISSEN BEZAHLT

AF141699

- Wir veröffentlichen Ihre Hausarbeit, Bachelor- und Masterarbeit

- Ihr eigenes eBook und Buch - weltweit in allen wichtigen Shops

- Verdienen Sie an jedem Verkauf

Jetzt bei www.GRIN.com hochladen und kostenlos publizieren

Selbst- und Zeitmanagement im Studium. Möglichkeiten und Grenzen

Bibliografische Information der Deutschen Nationalbibliothek:

Die Deutsche Nationalbibliothek verzeichnet diese Publikation in der Deutschen Nationalbibliografie; detaillierte bibliografische Daten sind im Internet über http://dnb.d-nb.de abrufbar.

ISBN: 9783346524720
Dieses Buch ist auch als E-Book erhältlich.

© GRIN Publishing GmbH
Nymphenburger Straße 86
80636 München

Druck und Bindung: Books on Demand GmbH, Norderstedt Germany
Gedruckt auf säurefreiem Papier aus verantwortungsvollen Quellen

Das vorliegende Werk wurde sorgfältig erarbeitet. Dennoch übernehmen Autoren und Verlag für die Richtigkeit von Angaben, Hinweisen, Links und Ratschlägen sowie eventuelle Druckfehler keine Haftung.

Das Buch bei GRIN: https://www.grin.com/document/1143913

Einsendepräsentation

Alternative A

Selbst- und Zeitmanagement im Studium: Möglichkeiten und Grenzen

Eingesandt: 25.07.2019

Modul: Selbstmanagement

Inhaltsverzeichnis

Abkürzungsverzeichnis...3

Tabellenverzeichnis 3

Aufgabe 1 4

  Das Publikum..4

  Motivation und Erwartungen des Publikums..4

  Nutzen der Präsentation 5

Aufgabe 2 5

  Zielsetzung..5

  Kernbotschaft..6

Aufgabe 3 6

  Ausgangsfragestellung...6

  Medieneinsatz 6

  Gliederung...7

  Struktur der Präsentation...8

  Mittel & Methoden 11

  Selbstmanagement 11

    Modelle des Selbstmanagements 12

  Zeitmanagement..14

    Modelle des Zeitmanagements 14

Aufgabe 4...17

Aufgabe 5...18

Aufgabe 6...19

Literaturverzeichnis 21

Internetquellenverzeichnis 22

Abkürzungsverzeichnis

ZRM   - Züricher Ressourcen Modell

Tabellenverzeichnis

Tabelle 1: Didaktischer Fahrplan   7

Aufgabe 1

Das Publikum

Aufgrund hervorragender Leistungen hat die Fernhochschule Riedlingen gebeten, eine Präsentation zum Thema „Selbst- und Zeitmanagement im Studium: Möglichkeiten und Grenzen" für 25 Studierende des ersten Semesters zu halten. Brede sagte, wenn man vor einem Publikum etwas präsentiert, dann geht man auch eine Beziehung mit dem Publikum ein[1]. Um eine Beziehung mit dem Publikum eingehen zu können, muss man es genau kennen. Nur dann kann man den Inhalt der Präsentation auch so abstimmen, dass es für die Zuhörer interessant ist, sie dem Redner aufmerksam zuhören und folgen können und vielleicht sogar etwas daraus lernen.

Deshalb sollte der Redner im Vorfeld der Präsentation eine Zuhörer-Analyse durchführen. Die Gruppe der Zuhörer ist sehr heterogen in Bezug auf die unterschiedliche Altersstruktur, aber auch was die verschiedenen Lebenssituationen angehen. 90 Prozent, also etwa 23 der 25 Zuhörer, gehen einer beruflichen Tätigkeit nach und 30 Prozent, also Acht Zuhörer, haben eine Familie mit Kindern. Fünf der Studierenden haben bereits ein Studium an einer Präsenzhochschule abgebrochen. Eine Studierende hat ein Chemiestudium abgeschlossen. Zusammengefasst kann man also sagen, dass die Gruppe der Zuhörer der Präsentation mit sehr unterschiedlichen Lebenssituationen und unterschiedlichen Einstellungen, Bedürfnissen und Vorwissen zusammengesetzt sind[2].

Motivation und Erwartungen des Publikums

Um den Erwartungen und Motivationen des Publikums gerecht zu werden, ist es von großer Bedeutung, im Vorfeld der Präsentation eine Zielgruppenanalyse durchzuführen. Jeder Zuhörer muss bei dieser Analyse einbezogen werden. Betrachtet man sich die unterschiedlichen Lebenssituationen wird schnell klar, dass sich die Erwartungen an die Präsentation bezüglich Nutzens und Motivation unterscheiden. Die Zuhörergruppe mit Familie wird eine andere Motivation und Erwartung haben, als die Studentin mit bereits abgeschlossenem Chemiestudium, bzw. den alleinstehenden Berufstätigen. Der Wissensstand zum Thema Selbst- und Zeitmanagement ist sehr verschieden ausgeprägt. Alle gemein haben jedoch die Motivation, durch das Studium einen akademischen Abschluss bzw. eine weitere akademische Zusatzqualifikation zu erreichen. Die Motivation kann auch darin liegen, sich nach der Präsentation besser mit Modellen des Selbst- und Zeitmanagements auszukennen, um diese dann in ihrem Alltag

---

[1] Vgl. Brede, 2008, S. 36
[2] Vgl. Arenberg, 2015, S. 54-55

anwenden zu können. Damit könnten sie nicht nur erfolgreicher durchs Studium kommen, sondern würden auch eine bessere Zeiteinteilung für Familie und Beruf schaffen. Man kann annehmen, dass die Gruppe der Eltern, sowie die Gruppe der Berufstätigen sicherlich in der Vergangenheit schon mit Aspekten des Stresses und auch Überforderung zu tun gehabt haben, weswegen sie bestimmt einige Präsentationspunkte schon kennen werden. Doch gerade diese Gruppe kann sich bestimmt auch noch ein paar neue Anregungen holen, für Berufsleben, Familienalltag und auch fürs Studium. Aber auch die Nichtberufstätigen möchte man mit der Präsentation abholen. Können Sie die Präsentation für sich nutzen, um zu erfahren wie Stress und ineffizientes Zeitmanagement durch entsprechende Methoden vermieden werden kann und anschließend können sie dann erfolgreich ins Studium starten. Ebenso ist zu hoffen, dass man die Studienabbrecher mit neuen Methoden wieder etwas motivieren kann. Denn vermutlich haben diese Personen gerade eine negative Grundeinstellung und Angst erneut zu versagen. Ihre Motivation, ein Studium im zweiten Anlauf erfolgreich zu absolvieren, gilt es zu bestärken und Versagensängste sollten genommen werden.

Zusammenfassend kann man also sagen, dass die Präsentation in gewissen Punkten detaillierter ausgearbeitet werden muss, aufgrund des unterschiedlichen Wissenstandes der Zuhörer[3].

Nutzen der Präsentation

Anhand der Motivation der Zuhörer, kann man sich auch Gedanken über den Nutzen der Präsentation machen. Die Modelle des Selbst- und Zeitmanagements welche in der Präsentation vorgestellt werden, haben erfahrungsgemäß einen Einfluss auf ein erfolgreiches Studium. Die Studienabbrecher können vielleicht durch die Präsentation erkennen, welche Fehler sie in ihrem vorherigen Studium im Hinblick auf ihr Zeitmanagement gemacht haben, und sich dann neue Ziele definieren. Die Gruppe der Berufstätigen und die Gruppe der Familien mit Kindern sollten den Nutzen haben, durch ein gutes Zeitmanagement Studium, Beruf und Familie besser koordinieren zu können, um Stress gar nicht aufkommen zu lassen oder mit diesem auch besser umgehen zu können.

Aufgabe 2

Zielsetzung

Den Zuhörern soll ein grober Überblick über unterschiedliche Modelle des Selbst- bzw. Zeitmanagements gegeben werden. Diese können bei Bedarf auch vertieft werden. Ebenso soll

---

[3] Vgl. Hermann-Ruess, A. (2014), S. 29

ihnen Mut zugesprochen werden vor der Aufgabe des Studiums. Möglichkeiten sollen aufgezeigt werden, dass sie mit ein paar einfachen Methoden ein besseres Selbst- und Zeitmanagement erreichen können.

Kernbotschaft

Der rote Faden der Präsentation ist die Kernbotschaft: „Es ist nicht zu wenig Zeit, die wir haben, es ist zu viel Zeit, die wir nicht nutzen", ein Zitat des römischen Dichter und Philosophen Lucius Annaeus Seneca[4].

Aufgabe 3

Ausgangsfragestellung

Die Ausgangsfrage beschäftigt sich damit, wie Selbst- und Zeitmanagement sich auf ein erfolgreiches Studium auswirken.

Medieneinsatz

Vor Beginn der Präsentation werden die Zuhörer an der Tür begrüßt, wenn sie den Präsentationsraum betreten. Dadurch wird eine persönliche Ebene aufgebaut[5]. Diese kurze Situation wird auch genutzt, um den Zuhörern ein Handout der Präsentation mitzugeben. In dem Handout wird eine Gliederung der Präsentation als Leitfaden sein. Ebenso finden sich in dem Handout auch wichtige und komplexe Inhalte wieder. Durch das Handout sind die Zuhörer nicht durch ihr eigenes Mitschreiben abgelenkt. Sie machen sich vielleicht ein paar Randnotizen, können sich aber besser auf die Präsentation konzentrieren[6].

Da für die Präsentation lediglich 20 Minuten zur Verfügung stehen, wird es ein Hauptmedium und ein Medium zur Unterstützung geben. Das Hauptmedium wird Power Point sein. Was eine gewisse Vorbereitungszeit im Vorfeld der Präsentation bedeutet, um die Folien zu erstellen. Um nicht die ganze Zeit am Laptop stehen zu müssen, wird die Präsentation mit einer Fernbedienung gesteuert. Dadurch kann man auch immer Augenkontakt zu den Zuhörern halten. Dazu sollte man sich einige Personen aussuchen, die einem ein gutes Gefühl vermitteln, weil sie mit Interesse der Präsentation folgen[7]. Das zweite Medium wird das Flipchart sein, welches im Vortragsraum ebenfalls zur Verfügung steht. Dort wird bereits vor Beginn der Präsentation der zeitliche Ablauf, sowie eine Gliederung der Präsentation

---

[4] Seneca - Von der Kürze des Lebens - De Brevitate Vitae
[5] Vgl. Matchnig, M (2019) S.119
[6] Vgl. Engelfried, J./Zahn, S. (2012), S. 118
[7] Vgl. Matchnig, M (2019) S.119

zusammengefasst aufgezeichnet. Diese Gliederung sollte dann auch als Grundlage für die an-schließende Diskussionsrunde dienen. Falls es während der Präsentation Fragen gibt, an wel-cher Stelle der Präsentation man sich gerade befindet, kann der Redner dazu direkt aufs Flip-chart verweisen. Ebenso bietet das Flipchart dem Redner die Möglichkeit sich selbst am Ab-lauf zu orientieren, weswegen man auch keine Moderationskarten benötigt. Falls es während der Präsentation zu Fragen kommt, kann man diese auch für die weiterführende Diskussions-runde auf dem Flipchart festhalten, damit sie nicht in Vergessenheit geraten[8].

Studien haben bewiesen, dass durch den Wechsel von Präsentationsmedien die Informationen von den Zuhörern besser wahrgenommen werden können[9]. Den Einsatz eines Whiteboards mit Stiften wird jedoch in diesem zeitlichen Rahmen für ungeeignet gehalten, da das Schrei-ben und Aufzeichnen von Bildern aufwendig ist und den Fluss in der Präsentation stören würde[10]. Damit die eingeplanten 20 Minuten auch eingehalten werden, sollte man die Präsen-tation im Vorfeld einige Male durchsprechen und dabei auch die Zeit stoppen. Ebenso sollte man auf die eigene Körpersprache während der Präsentation achten, das heißt eine aufrechte und freundliche Haltung, aber auch gezielte Bewegungen und Augenkontakt sind wichtig[11].

Ebenfalls ein wichtiger Punkt für Präsentationen ist das Feedback der Zuhörer an den Redner. Deshalb sollte nach der Diskussionsrunde den Zuhörern noch einen kurzen Feedbackbogen ausgeteilt werden, mit der Bitte, diesen doch auszufüllen. Sie sollten mithilfe des Feedback-bogens den Redner, aber auch die inhaltliche Zusammensetzung der Präsentation beurteilen und bewerten können[12].

Gliederung

Für diese Präsentation wird die von Thiele beschriebene Einteilung einer Präsentation ver-wendet: Einleitung ca. 15 Prozent, Hauptteil ca. 75 Prozent und Schluss ca. 10 Prozent[13]. Es stehen für die Eröffnung und den Abschluss also 2-3 Minuten bereit, für den Hauptteil 15 Mi-nuten. Die Zuhörer werden am Anfang der Präsentation gebeten, ihre Fragen in der Diskussi-onsrunde zu stellen, welche am Ende der Präsentation geplant ist. Im Hauptteil der Präsenta-tion werden die zwei Themen Selbst- und Zeitmanagement angesprochen und verschiedene Modelle vorgestellt. Die Eröffnung der Präsentation beginnt mit einer Begrüßung der Zuhö-rer, sowie einer kurzen Vorstellung des Redners.

---

[8] Vgl. Arenberg (2015) S. 70
[9] Vgl. Schlick, C./ Bruder, R./ Luczak, H (2010), S.977
[10] Vgl. Arenberg, 2015, S. 68
[11] Vgl. Matchnig, M (2019) S.121-123
[12] Vgl. Arenberg, 2015, S. 90
[13] Vgl. Thiele (2010), S.85 zit. nach Arenberg, P. 2015, S. 60

Zeit	Gliederung	Medium
1 Minute	Begrüßung, Vorstellung,	PowerPoint Folie 1, Flipchart
2 Minuten	Einleitung, Kernbotschaft	PowerPoint Folie 2
7 Minuten	Hauptteil, Selbstmanagement	PowerPoint Folie 3-6
7 Minuten	Hauptteil, Zeitmanagement	PowerPoint Folie 7-10
1 Minute	Hauptteil; Work-Life-Balance	PowerPoint Folie 11
2 Minuten	Schluss	PowerPoint
	Diskussionsrunde	Flipchart, ggf. noch mal die eine oder andere Folie

Tabelle 1: Didaktischer Fahrplan

(Quelle: Eigene Darstellung)

Struktur der Präsentation

1.Folie → Begrüßung

Die erste Folie dient als Einstieg ins Thema der Präsentation. Auf ihr ist das Logo der SRH Hochschule und das Präsentationsthema zu sehen. Die Zuhörer werden nochmals freundlich begrüßt und der Redner stellt sich kurz vor. Dann wird das Thema der Präsentation vorgestellt, die Kernbotschaft und das Ziel der Präsentation. Anschließend erfolgt noch die Nennung der Gliederung der Präsentation, welche auf das Flipchart notiert wurde mit einer kurzen Info zum zeitlichen Ablauf. Die Zuhörer werden gebeten, ihre Fragen am Ende der Präsentation in der Diskussionsrunde zu stellen, weil da am meisten Zeit dafür ist.

2. Folie: Einleitung →Kernbotschaft

Die zweite Folie dient als Einstieg ins Thema der Präsentation. Auf dieser Folie wird Abbildung 1 zu sehen sein, mit der Kernbotschaft, dem Zitat des römischen Philosophen Seneca „*Es ist nicht zu wenig Zeit, die wir haben, es ist zu viel Zeit, die wir nicht nutzen*"[14]. Auf der Abbildung ist zu erkennen, wie gestresst man in unserer Multitasking-Gesellschaft ist und dass man meistens einfach immer viel zu viele Termine, Themen im Kopf haben. Durch diese Abbildung hat man die Gelegenheit, die eigentliche Situation zu nennen, in der jeder von uns sich oft befindet und kann dann im Anschluss auch verschiedene Lösungsmöglichkeiten aufzeigen. Nun beginnt der Hauptteil der Präsentation.

---

[14] Seneca - Von der Kürze des Lebens - De Brevitate Vitae

Abbildung wurde aus urheberrechtlichen Gründen vom Redaktionsteam entfernt.

Abbildung 1: Kernbotschaft

(Quelle: http://www.veganessa.com/de/portfolio/unternehmensberatung/zeit-stress)

Im Hauptteil, Folie 3-11, dem komplexesten und längsten Element der Präsentation werden die Begriffe Selbst- und Zeitmanagement erklärt und dann auch noch ein paar Modelle vorgestellt, welche erfahrungsgemäß sehr relevant für die Selbst- und Zeitmanagementtechniken in Hinblick auf die Zielgruppe darstellt.

3. Folie: Selbstmanagement, Definition

Hier erscheint der erste Hauptpunkt, das Selbstmanagement mit Definition.

4. Folie: Ziele

Abbildung wurde aus urheberrechtlichen Gründen vom Redaktionsteam entfernt.

Abbildung 2: Ziele

(Quelle: https://lambertschuster.de/wp-content/uploads/2016/06/Clipart1606-Ziele-300x173.jpg)
5. Folie: SMART

Abbildung wurde aus urheberrechtlichen Gründen vom Redaktionsteam entfernt.
Abbildung 3: SMART-Modell

(Quelle: https://www.schultrainer.de/wp-content/uploads/2018/11/SMART-1024x469.png)

6. Folie: false-hope-Syndrom

Folie 6 geht auf das Phänomen „false-hope-syndrom" ein, welche Janet Polivy und C. Peter Herman von der University of Toronto so bezeichneten[15]. An dieser Stelle erzähle ich selbst von meinen übersteigerten Selbsteinschätzungen während des Studiums und bitte dann auch das Publikum mir drei Beispiele zu geben, für eine übersteigerte Selbsteinschätzung während des Studiums zu nennen. Vor allem um ihnen zu zeigen, dass auch Misserfolge und Enttäuschungen eingeplant sein müssen. Um die Folie nicht zu überfüllen und einfach zu halten, werden hier nur die vier irrealistischen Erwartungshaltungen genannt und erläutert:

- Umfang der gewünschten Veränderung
- Tempo mit dem ein Ziel erreicht wird
- Leichtigkeit einer Veränderung

---

[15] Vgl. https://www.sueddeutsche.de/wissen/psychologie-die-illusion-vom-grossen-wandel-1.211547-2

- Effekt der Veränderung

Folie 7: Zeitmanagement, Definiton

Hier erscheint der erste Hauptpunkt, das Zeitmanagement mit Definition

Folie 8: Eisenhower-Prinzip

Abbildung wurde aus urheberrechtlichen Gründen vom Redaktionsteam entfernt.

Abbildung 4: Eisenhower-Prinzip

(Quelle: https://www.flowfinder.de/eisenhower-prinzip/)

Folie 9: ALPEN-Methode

Abbildung wurde aus urheberrechtlichen Gründen vom Redaktionsteam entfernt.

Abbildung 5: ALPEN-Methode

(Quelle: http://www.pawlik.de/wp-content/uploads/2016/08/Grafik_ALPEN-Methode_blau.jpg)

Folie 10: Pareto-Prinzip

Abbildung wurde aus urheberrechtlichen Gründen vom Redaktionsteam entfernt.

Abbildung 6: Pareto-Prinzip

(Quelle: https://www.beyourbest.de/bilder/pareto-prinzip.gif)

Folie 11: Work Life Balance

Abbildung wurde aus urheberrechtlichen Gründen vom Redaktionsteam entfernt.

Abbildung 7: Work-Life-Balance

(Quelle: http://praxis-henning.eu/images/work-life-balance-waage.jpg)

Folie 12: Fazit

Zum Ende der Präsentation wird nochmals die Kernbotschaft aufgegriffen, welche schon zu Beginn der Präsentation genannt wurde. Die Zuhörer werden darauf hingewiesen, dass sie nun ihre Fragen stellen können und somit die Diskussionsrunde eingeleitet wird.

Da die Vorgabe zur Präsentation nur einen geringen zeitlichen Rahmen vorgab, hat man sich für die Modelle des Selbst- und Zeitmanagements entschieden, da sich diese in kurzer Zeit gut und verständlich erklären lassen. Bei einem größeren Zeitfenster hätten auch noch andere Selbstmanagement-Ansätze, wie zum Beispiel das Zürcher Ressourcenmodell des Selbstma-nagents (ZRM) von Maja Storch und Frank Krause näher erklärt werden können. Aber um dieses und auch noch andere Ansätze gut und verständlich vorstellen zu können, hätte es mehr Zeit gebraucht.

Mittel & Methoden

Vorträge und Präsentation haben das Ziel, die Aufmerksamkeit der Zuhörer zu bekommen, damit diese sich möglichst viele Informationen merken können[16]. Doch genau das ist nicht immer einfach umzusetzen. Gerade über Thema Selbst- und Zeitmanagement könnte man noch viel länger erzählen, noch viel mehr Modelle vorstellen, vielleicht auch mit Praxisbeispielen arbeiten, wofür 20 Minuten aber nicht ausreichend gewesen wären. Damit die Präsentation bei den Zuhörern verständlich ist, wurde versucht die Präsentation nach dem Pyramidenprinzip von Minto aufzubauen, also klare Aussagen treffen und aus diesen, logische Strukturen entwickeln. Das Wesentliche und Wichtige wird zu Beginn angesprochen, und danach systematisch begründet. Nach Minto sollte man auch nur wenig Fließtext auf den Präsentationsfolien haben, dies würde die Zuhörer nur ablenken. Sie würden eher den Text lesen, anstatt dem Redner zuzuhören[17]. Anstatt Fließtext eignen sich Diagramme oder dem Thema entsprechende Grafiken besser, daher bestehen die Präsentationsfolien zum größten Teil aus Grafiken.

Selbstmanagement

Laut Lothar Seiwert bedeutet Selbstmanagement das Setzen von Zielen, sowie die Festlegung von bewährten Arbeitstechniken im Alltag, um Ziele zu erreichen. Die zur Verfügung stehende Zeit soll dabei sinnvoll und optimal genutzt werden[18]. Das bedeutet also, dass Selbstmanagement eine wichtige Kompetenz ist, die einem helfen kann eine effektivere Arbeitsweise zu erlangen. Allerdings kennen nur wenige Menschen die Modelle des Selbstmanagements, obwohl einem diese Modelle nicht nur eine wichtige Hilfe für ein erfolgreiches Studium sind, sondern einem auch als Planungs- und Stukturierungshilfe für Familie, Alltag und Beruf dienen könnte. Damit aber die Fähigkeiten einer Person in Bezug auf Selbstorganisation weiterentwickelt werden kann, muss dieser Prozess zuerst mit den Punkten Selbstreflexion, Selbstorganisation und Selbstregulierung gestartet werden[19].

Da es beim Selbstmanagement darum geht sich Ziele zu setzen, ist dies auch der rote Faden durch sämtliche Modelle des Selbstmanagements, von denen nun im Folgenden auf drei näher eingegangen wird.

---

[16] Vgl. Arenberg (2015), S.33
[17] Vgl. Arenberg (2015), S.79-84
[18] Vgl. Seiwert, L. (1988), S.12
[19] http://www.selbstmanagement-zentrum.de/heidelberg/downloads/smsmcoaching.pdf

Modelle des Selbstmanagements

Ziele

Im Beruf und auch im Familienleben warten täglich neue Aufgaben und Herausforderungen. Aufgrund dieser enormen Fülle an Aufgaben und Themen, die auf jeden einprasseln, kann es passieren, dass die Aufmerksamkeit nicht auf ein einziges Ziel gerichtet wird. Stattdessen wird die Aufmerksamkeit auf viele einzelnen Aufgaben verteilt und dann am Ende keines richtig abschlossen[20].

Für ein erfolgreiches Selbstmanagement ist die Zielsetzung von sehr großer Bedeutung. Kleinbeck hat sich mit der Funktion von Zielen auseinandergesetzt: Ziele veranlassen Handlungen. Ziele dienen als Beurteilungsgrundlange während des Prozesses der Zielerreichung. Ziele sind die Bewertungsgrundlage des Ergebnisses, um einzuschätzen ob nun ein Erfolg oder ein Misserfolg vorliegt[21]. Damit ein Ziel leichter umgesetzt werden kann, sollte es deutlich formuliert, realistisch und erreichbar sein. Nach Bischof et. Al sollte ein Ziel folgende Aspekte enthalten[22]:

> Zweck
>
> Inhalt
>
> Ergebnis
>
> Länge

Eine besondere Methode, wie Ziele in diesem Sinne formuliert werden können, werden nun im ersten der vorgestellten Selbstmanagement-Modellen erläutert:

SMART

Einer Zielerreichung geht auch immer eine Zielsetzung voraus. Locke und Latham entwickelten die so genannte Zielsetzungstheorie, laut der Ziele mit einer hohen Erfolgsaussicht möglichst SMART sein müssen. SMART ist dabei ein Akronym und steht für die englischen Begriffe: Specific (spezifisch), Measurable (messbar), Attractive (ansprechend), Realistic (realistisch) und Terminated (zeitlich begrenzt). Die Begriffe werden an dieser Stelle auch noch kurz erklärt[23].

Spezifisch bedeutet, dass ein Ziel konkret und eindeutig angegeben werden muss. Es soll keine Fehler bei der Interpretation des Ziels geben. Die Grenzen müssen so abgesteckt sein,

---

[20] Vgl. Arenberg (2015), S.27
[21] Vgl. Kleinbeck, (2010), S.256
[22] Vgl. Bischof et. Al (2014), S.24
[23] Vgl. Storch (2011), S.185f

dass ganz klar ersichtlich wird, welche Teilaspekte mit dem Ziel verfolgt werden und welche nicht.

Messbar meint, dass in irgendeiner Form gemessen werden kann, ob das Ziel erreicht wurde oder nicht. Bei einem quantitativen Ziel handelt es sich oft um Zahlen, die erhoben werden können. Ein qualitatives Ziel ist schwerer zu formulieren und anschließend auch zu messen. Deswegen ist es auch wichtig, dass eindeutig ist, um was es bei dem Ziel geht. Es kann sich z.B. um eine Qualifikation handeln, die man erworben hat.

Attraktiv kann bedeuten, dass ein Ziel herausfordernd oder ansprechend und damit motivierend sein soll. Das heißt, es muss auch eine gewisse Motivation für die Person vorhanden sein, damit dieses Ziel mit anderen parallel verfolgt werden soll.

Wenn ein Ziel *realistisch* ist, dann sollte es mit den vorhandenen Ressourcen oder Kenntnissen erreichbar sein.

Zu guter Schluss sollten Ziele bei der SMART-Methode eine *Terminierung* vorgeben, bis wann und in welchem Zeitraum das Ziel vorrausichtlich erfolgreich erreicht werden kann[24]. Nach einer Studie von Latham et. Al ist es für eine erfolgreiche Erreichung von Zielen wichtig, dass die entsprechende Person, das Ziel auch persönlich annimmt[25]. Ein Beispiel für ein smartes Ziel ist: „Ich werde zwei Mal pro Woche für je 2-3 Stunden an meiner Einsendeaufgabe für das Modul Selbstmanagement weiterschreiben, um dies bis zu meinem Urlaub im August abgeben zu können."

false-hope-Syndrom

Misslungene Verhaltensänderungen lassen sich durch das False-Hope-Syndrom nach den beiden Psychologen Janet Polivy und C. Peter Herman erklären. Durch falsche, meist auch unrealistische Erwartungshaltungen und zu hoch gesteckten Zielen ist ein Erreichen der gesetzten Ziele fast unmöglich. Veränderungsprozesse scheitern aufgrund unrealistischer Erwartungshaltungen in Bezug auf die wahrscheinliche Geschwindigkeit, den Umfang, die Leichtigkeit und die Resultate dieses persönlichen Veränderungsversuchs. [26].

An dieser Stelle wird das Publikum gebeten, drei Beispiele für eine übersteigerte Selbsteinschätzung während des Studiums zu nennen. Vor allem um ihnen zu zeigen, dass auch Misserfolge und Enttäuschungen eingeplant sein müssen. Um ein erfolgreiches Selbstmanagement durchführen zu können, ist es wichtig, sich von diesen unrealistischen Erwartungen zu verabschieden. Man sollte sich stattdessen durch Selbstreflexion und einen realistischen

---

[24] Vgl. Arenberg (2015), S.63-64
[25] Vgl. Storch (2011), S.204
[26] Vgl. Polivy/Hermann (2000)

Umsetzungsplan etappenweise an die gesetzten Ziele annähern. Das heißt aber auch, dass die gesetzten Ziele verändert und angepasst werden können. Teilziele tragen zu einem schnelleren Teilerfolg bei und somit ist die Motivation auch wieder da sich dem Rest des Ziels anzunehmen[27].

Zeitmanagement

Um das Thema Zeitmanagement überzuleiten, wird das Zitat von Lothar Seiwert als Punkt auf der Folie genannt: „Die Zeit ist wie der Wind: Richtig genutzt, bringt sie uns an jedes Ziel"[28]. Die Studenten müssen sich zunächst erst mal bewusst machen, wofür sie ihre Zeit ver(sch)wenden. Wer seine Zeit nämlich sinnvoll nutzt, Prioritäten setzt und auch versucht, seine Ziele nicht aus den Augen zu verlieren, sondern diese durch eine gute Planung der verfügbaren Zeit zu erreichen, der hat gewonnen. Die Zeit ist etwas Wertvolles, sie ist nicht käuflich und ein absolut knappes Gut, denn sie kann nicht vermehrt werden. Daher sollte sie effektiv genutzt werden[29]. Die meiste Zeit und Energie verpuffen, da keine klaren Ziele, Planungen, Prioritäten und Übersichten vorliegen[30]. Die meisten Menschen sehen die Zeit leider als Gegner an, tagtäglich gibt es einen Kampf so viele Aufgaben wie möglich zu erledigen, Freundschaften aufrechtzuerhalten, Haushalt und Familie zu führen und dann auch noch Zeit für sich selbst und den Partner zu haben. Dabei sollten wir die Zeit als Verbündeten in dieser hektischen Welt ansehen und lernen, wieder Pausen zu nehmen, um danach mental und physisch gestärkt in den Alltag zurückkehren zu können[31]. Das Hauptproblem beim Zeitmanagement besteht darin, dass es nicht angewendet wird. Wer 15 Minuten investiert, um den nächsten Tag zu planen, „spart" oft mehrere Stunden am nächsten Tag und bekommt direkt ein neues Zeitgefühl[32].

Modelle des Zeitmanagements
Das Eisenhower-Prinzip

Auf der achten Folie wird das Eisenhower-Prinzip vorgestellt, welches nach dem 34.US-Präsidenten Dwight D. Eisenhower benannt wurde. Das Eisenhower-Prinzip ordnet anstehende Aufgaben nach Dringlichkeit und Wichtigkeit ein[33] und gliedert sich dabei in vier Teile[34]:

---

[27] Vgl. Jochum/ Jochum/ Koch (2011), S.27
[28] Vgl. Seiwert, (2012), S.6
[29] Vgl. Seiwert, (2014), S.7
[30] Vgl. Seiwert, L. (2014), S. 12
[31] Vgl. Seiwert (2009), S.11
[32] Vgl. https://www.aerzteblatt.de/treffer?mode=s&wo=17&typ=16&aid=24205&s=Eisenhower
[33] Vgl. https://www.wiwo.de/erfolg/zeitmanagement-ziele-setzen-wie-warren-buffett/19340166.html
[34] Vgl. Weisweiler, S./Dirscherl, BJ./Braumandl. I.: 2013, S.121

- Die A-Aufgaben: sind wichtig und dringend, benötigen die vollste Aufmerksamkeit, müssen selbst erledigt werden. (Beispiel: Krisenherde, plötzlich auftretende Probleme mit einem Kunden)
- Die B-Aufgaben: sind wichtig, können aber auch zu einem späteren Zeitpunkt erledigt werden. Die Erledigung der Aufgaben, kann man planen und terminieren. (Beispiel: Visionen und Leitbilder, Persönliche Entwicklung)
- Die C-Aufgaben: sind zwar dringend, müssen aber nicht persönlich erledigt werden, können damit auch delegiert werden. (Beispiel: Anrufe vom Kunden, Für die Unternehmenszeitung die neuen Fotos sortieren)
- In den Papierkorb, gehören dann alle Aufgaben rein, die weder dringend noch wichtig sind. Es empfiehlt sich, öfters für den Papierkorb zu entscheiden, um nicht mit zu unnötigen und zeitfressenden Dingen aufgehalten zu werden. (Beispiel: witzige E-Mails)

Das Eisenhower-Prinzip ist eine gute Planungshilfe und kann einem aufzeigen, in welcher Reihenfolge man anfallende Aufgaben erledigen kann, damit es nicht zu einem Aufgabenchaos kommt. Um dieses Prinzip aber anwenden zu können, ist im Vorhinein ein gewisser zeitlicher Aufwand für die Planung notwendig. Hat man das erst mal getan, wird man mit einem gut organisierten Tagesablauf belohnt[35].

ALPEN-Methode

Ebenfalls gut bewährt bei der Tagesplanung hat sich die ALPEN-Methode. Sie ist einfach und höchst effektiv. Man braucht nur wenige Minuten Planung, gewinnt dadurch aber sehr viel Zeit für das Wesentliche. Die ALPEN-Methode besteht aus den fünf Pfeilern[36]:

- Aufgaben aufschreiben, alle Termine und Aufgaben oder sonstige To-Do's, die man für einen Tag einplant, sollen aufgeschrieben werden. Vielleicht kann man auch einen Tagesplan benutzen und ihn am Vorabend ausfüllen. So kann man am besten einen Überblick bekommen und auch sehen, was der Tag bringt.
- Länge: Zu jeder Aufgabe soll notiert werden, wie viel Zeit diese brauchen wird. Der Zeitaufwand sollte großzügig kalkuliert werden. Man sollte sich auch ein Zeitlimit für die Bewältigung dieser Aufgabe setzen, dieses muss aber auch eingehalten werden.
- Pufferzeit: Man sollte den Tag nicht komplett verplanen. Denn durch diese Pufferzeiten wird nicht riskiert, dass der Tagesplan durch kleinere Störungen ins Wanken gerät. Denn es gibt immer etwas, das man am Vorabend nicht miteingeplant hat. Dabei

---

[35] Vgl. https://www.impulse.de/management/selbstmanagement-erfolg/eisenhower-prinzip/3558243.html
[36] Vgl. Seiwert, L. (2009), S.99

sollte man allerdings nicht mehr als 50% des Tages verplanen. Dadurch freut man sich auch über die Zeit, die dann noch frei ist.

- Entscheidungen: Ein gutfunktionierender Tagesplan sollte nur das enthalten, was man auch an dem Tag erledigen will, deshalb sollte man den Aufgabenkatalog zu einem realistischen Maß zusammenstreichen. Damit dies passiert, muss man entscheiden, welche Aufgaben sind wichtig und welche können wann anders oder auch durch jemanden anders erledigt werden.

- Nachkontrolle: Am Abend sollte man dann noch einmal Bilanz ziehen, man sollte kontrollieren ob man sein Tagespensum erfüllen konnte. Liegengebliebenes soll dann am nächsten Tag erledigt werden. Falls was liegen geblieben ist, sollte man sich Gedanken machen, warum konnte es nicht erledigt werden. Hatte man sich zu viel vorgenommen? Hat es länger gedauert als erwartet?

Man sollte allerdings nicht nur die Dinge erledigen, die wichtig sind. Seiwert sagt selbst, man soll jeden Tag auch etwas machen, um ihn zu einem glücklichen Tag zu machen. Also sollte man jeden Tag auch etwas tun, was einem glücklich macht oder seinen Zielen näherbringt[37].

Pareto-Prinzip

Viele Menschen verbringen die meiste Zeit damit, sich um viele nebensächliche Probleme zu kümmern, statt sich auf wenige, dafür aber auf lebenswichtige Aktivitäten und Aufgaben zu konzentrieren. Es ist ein Irrtum, dass zwischen Aufwand und Ergebnis ein proportionales Verhältnis besteht. Oft bringen bereits 20 Prozent der richtig eingesetzten Zeit und Energie 80 Prozent des Ergebnisses.

- 20 Prozent der Zeitungen enthalten 80 Prozent der Nachrichten
- 20 Prozent der Schreibtischarbeit ermöglichen 80 Prozent des Arbeitserfolges

Dieses 80:20 Prinzip wurde nach Vilfredo Pareto (1848 – 1923) benannt, und kann äußerst hilfreich sein, seine Zeit zu planen. [38] Dem Prinzip kann man folgende Aussage entnehmen, die erfolgversprechendsten Tätigkeiten sind immer zuerst zu erledigen[39]. Es ist jedoch bei jeder Aufgabenstellung zu prüfen, ob für ein besseres Ergebnis eventuell doch mehr Zeit veranschlagt werden müsste, zum Beispiel wenn es um das Lernen für eine wichtige Klausur geht.

---

[37] Vgl. Seiwert (2009), S.103
[38] Vgl. Seiwert, L. (2014), S.27
[39] Vgl. https://www.aerzteblatt.de/treffer?mode=s&wo=17&typ=16&aid=78557&s=Pareto

Work Life Balance

Die Work-Life-Balance ist das letzte Thema, welches vorgestellt wird. Denn dieses Thema ist für jeden wichtig, egal ob man Familie daheim hat oder sein Studium neben der Arbeit schaffen möchte. Bei der Work-Life-Balance geht es um die Verbindung von Arbeit (Work) und dem Privatleben (Life). Nach Seiwert ist die Zauberformel für beruflichen Erfolg und einem glücklichen Privatleben in der ausgewogenen Balance zwischen vier Bereichen[40]:

- Familie und soziale Kontakte (Familie, Partnerschaft, Liebe, Zuwendung)
- Beruf und Leistung (Erfolg, Karriere, Geld, Wohlstand)
- Gesundheit (Ernährung, Erholung, Entspannung, Fitness)
- Sinn und Werte (Selbstverwirklichung, Erfüllung, Zukunftsfragen, Religion)

Deswegen sollte sich jeder trotz Arbeit und Studium, bewusst Zeiträume schaffen für reine Freizeitaktivitäten.

Aufgabe 4

Abbildung wurde aus urheberrechtlichen Gründen vom Redaktionsteam entfernt.

Abbildung 8: Folie 12: Fazit

(Quelle: Eigene Darstellung / Grafik:http://www.veganessa.com/de/portfolio/unternehmensberatung/zeit-stress)

Bei dieser Folie handelt es sich um die Schlussfolie der Präsentation, welche die Kernaussage der Präsentation noch mal wiederholt. Denn das Letztgesagte bleibt laut Rezenzeffekt, am besten im Gedächtnis[41]. Das Hauptziel der Gestaltung der Power-Point-Folien ist es, die Inhalte in einer gut wahrnehmbaren und für die Zuhörer in einer schnell und leicht zu erfassbaren Form zu bringen[42]. Auch wenn Guy Kawasaki vorgibt für eine 20-minütige Präsentation nur 10 Folien zu verwenden[43], wurde für diese Präsentation 12 Folien verwendet, damit genug auf Selbst- und Zeitmanagement eingegangen werden kann.

Als Schriftgröße wurde beim Zitat Größe 40 pt. gewählt. Dies ermöglicht es, dass auch die Zuhörer in der letzten Reihe den Text gut lesen können. Es wurde sich von Schriftarten mit Serifen distanziert und die Schriftart „Arial" verwendet, da serifenlose Schriftarten besser auf Folien zu lesen sind[44].

---

[40] Vgl. Seiwert, L. (2009), S.26
[41] Vgl. Renz (2016), S.63
[42] Vgl. Renz (2016), S.101
[43] Vgl. Kawasaki/Fitzpatrick (2014) zit. nach Arenberg (2015), S.96
[44] Vgl. Arenberg (2015), S. 96

Als Gestaltungsgrundlage für alle Folien wurde sich an die fünf Basisregeln für die Gestaltung von Folien nach Hey gerichtet: Lesbarkeit, Menge, Nähe, Kontrast und Ausrichtung[45]. Bei der Farbgestaltung der Folien wurde darauf geachtet, dass sie zur Unterstützung der speziellen Inhalte und Aspekte dienen und nicht verwirren. Für die Folie mit der Kernbotschaft habe ich mich an die Tabelle von Renz gehalten, welcher sagt, dass die Farbe Schwarz für Eleganz und Seriosität wirkt. Ansonsten sind auf der Folie noch die Farben Weiß und Braun zu finden. Die Farben stehen laut Renz für Reinheit und für behaglich, natürlich[46]. Alle Folien werden durchgehend mit Seitenzahl, dem Namen des Redners und des Vortragsthemas als Fußnote versehen, damit Fragen einfacher geklärt werden können. Quellen werden direkt auf den Folien angegeben.

Aufgabe 5

Laut Friedrich gibt es fünf Wirkungsmittel, die richtig eingesetzt, zu einer erfolgreichen Präsentation beitragen[47]:

Das erste Wirkungsmittel ist der Präsentator selbst, welche im Mittelpunkt der Präsentation steht und die Qualität der Präsentation entscheidend mitgestaltet. Da jede Präsentation ein Kommunikationsprozess zwischen dem Redner und den Zuhörern ist, ist nicht nur eine sorgfältige inhaltliche, sondern auch eine zwischenmenschliche Vorbereitung vom größten Interesse. „Man kann nicht nicht kommunizieren" Der Psychologe und Kommunikationswissenschaftler Paul Watzlawick deutet in seinem ersten Axiom der Kommunikation daraufhin, dass es unmöglich ist, seinem Gegenüber keine Signale zu vermitteln, denn jedes Verhalten teilt eine Botschaft mit[48]. Dies bedeutet für den Präsentator, Kommunikation mit den Zuhörern, flüssiges Vortragen der Präsentation, aber auch ein überzeugendes Auftreten durch entsprechende verbale und nonverbale Signale, wie Stimme, Gestik, Mimik oder Körpersprache[49].

Das zweite Wirkungsmittel nach Friedrich ist das Ziel, welches klar und präzise formuliert sein muss, damit es einem hilft, auf dem richtigen Weg zu bleiben. Präsentationen sollten immer zielorientiert und nicht für einen selbst erstellt werden. Die Zielorientierung lässt sich durch drei Kriterien überprüfen: Schriftlichkeit, Widerspruchsfreiheit und Überprüfbarkeit[50].

---

[45] Vgl. Hey (2011), S.77f
[46] Vgl. Renz (2013) zit. nach Arenberg (2015) S. 100
[47] Vgl. Friedich (2003), S.5ff
[48] Vgl. Rettenwender (2016), S.174
[49] Vgl. Friedich (2003), S.5ff
[50] Vgl. Friedich (2003), S.5ff

Der Medieneinsatz ist das dritte Wirkungsmittel. Visuelle Informationen und optische Reize werden wesentlich besser aufgenommen als nur die reine Sprache. Hier gilt allerdings, weniger ist mehr und somit sollten die optischen Aufheller im Zusammenhang mit der direkten sprachlichen Information gegeben werden und auch nur dann, wenn sie zur besseren Aufnahme oder Verarbeitung der Informationen dienen. Einen zweiten großen Vorteil hat die Visualisierung aber noch: sie kann als roter Faden durch die Präsentation dienen, indem sie während der Präsentation als Orientierung zur Verfügung steht. Medien bieten als weiteren Pluspunkt auch noch die Möglichkeit, Abwechslung reinzubringen und den Vortrag lebendiger zu gestalten als er es nur durch einen Vortrag der Fall wäre.

Das vierte Wirkungsmittel ist die Rhetorik. Jede Situation erfordert andere sprachliche Mittel. Eine gute Vorbereitung der Präsentation, die Visualisierung und die Rhetorik gehören zusammen zu einer gelungenen Präsentation. Daher sollte man darauf achten, eine gewisse Gliederung in der Präsentation zu haben, die es dem Publikum erleichtert, den Gedanken und den sprachlichen Ausführungen des Redners zu folgen. Die Sprache sollte an die Zuhörer angepasst werden, damit niemand mit Fachbegriffen, die sie nicht kennen und nicht verstehen, überfordert wird. Außerdem sollten die Sätze kurz und prägnant sein und am besten durch Beispiele untermauert werden. Gut sind auch kurze Sprechpausen an den richtigen Stellen. Diese bieten dem Zuhörer die Möglichkeit das Gehörte auch abzuspeichern und zu verarbeiten.

Als letztes Wirkungsmittel kommt das Umfeld hinzu. Es ist daher wichtig im Vorfeld der Präsentation sich mit den Gegebenheiten auseinanderzusetzen, zum Beispiel eine Zuhöreranalyse, in welchen Räumlichkeiten findet die Präsentation statt, welche Medien stehen einem zur Verfügung. Denn nur eine gut durchdachte Planung im Vorfeld macht die Sache erfolgreich[51].

Aufgabe 6

In meinem Beruf musste ich schon hin und wieder Präsentationen halten. Ich hatte auch ein Thema vorgegeben und musste dazu meine Ergebnisse präsentieren. Allerdings habe ich durch diese Präsentation einiges gelernt. Aus meinen eigenen und auch anderen Präsentationen weiß ich, dass zu viel Text auf Folien zu sehr ablenken. Man liest dann eher das Geschriebene von der Folie und hört dem Redner nicht mehr zu. Dennoch ist es immer schwierig zu entscheiden, was nun das Wesentliche ist, was auf die Folien beschrieben werden soll.

---

[51] Vgl. Friedich (2003), S.5ff

Man will ja nichts vergessen oder auslassen. Ebenso habe ich mir kaum Gedanken über die Farbgestaltung oder Platzierung meiner Folien gemacht. Es gab Clip Arts, welche die Präsentation auflockern sollten, aber nicht wirklich zum Thema gepasst hatten. Ich werde also ab sofort sehr genau prüfen, welche Informationen wo stehen müssen und ob es sinnvolle Visualisierungen, wie Grafiken oder ClipArts gibt, um die Aufmerksamkeit des Publikums vor allem auf mich zu richten. Das heißt auch, dass mehr Zeit in die Vorbereitung gesteckt werden sollte, um eine tiefgründige Recherche zu realisieren. Ich glaube, viele meiner Präsentationen hätten einer wissenschaftlichen Überprüfung sicherlich nur teilweise standgehalten. Da ich schnell rede, wenn ich aufgeregt bin, werde ich mich selbst zu Pausen zwingen nach jeder Folie und nicht direkt aufs nächste Thema weiterspringen, damit ich dann generell ruhiger wirke. Ich will auch auf meinen Körperausdruck achten, wie stehe ich vor dem Publikum: Offen und freundlich oder doch eher reserviert? Zudem ist mir bewusst geworden, dass Präsentieren eine Kompetenz ist, die lernbar ist[52].

---

[52] Vgl. Arenberg (2015), S. 34

Literaturverzeichnis

Arenberg, P. (2015), Kreativitäts- und Präsentationstechniken, 4. Aufl., Studienbrief der SRH Fernhochschule, Riedlingen

Bischof, K./Bischof, A./Müller, H. (2014), Selbstmanagement. Best of Edition, 3. Aufl., Freiburg.

Brede, G. (2008), Präsentieren, reden und begeistern für Frauen. Erfolgreich und souverän in Besprechungen, Meetings und Konferenzen. S.l.

Engelfried, J./Zahn, S. (2012), Wirkungsvolle Präsentationen von und in Projekten, Wiesbaden

Friedrich, W. (2003), Die Kunst zu präsentieren. Die duale Präsentation., 2.Aufl., Berlin/Heidelberg

Hermann-Ruess, A. (2014), Emotionale Rhetorik. ,1. Aufl., Offenbach.

Hey, B. (2011), Präsentieren in Wissenschaft und Forschung, Berlin/Heidelberg DOI 10.1007/978-3-642-14587-2

Jochum, I./Jochum, E./Koch, A. (2011), Selbstmanagement, 4.Aufl., Studienbrief der SRH Fernhochschule, Riedlingen.

Kleinbeck, U. (2010), Handlungsziele, Motivation und Handeln, Springerlehrbuch, 4. Aufl., Heidelberg

Matschnig, M. (2019), Körpersprache. Macht. Erfolg. Wie Sie andere im Beruf überzeugen und begeistern, 2. Auflage, Gabal

Polivy, J./Hermann, P. (2000), The False-Hope-Syndrom: Unfulfillrd Expectations of Self-Change, Current Directions in Psychological Science, 9 (4), S. 128-131

Renz, K.-C. (2016), Das 1x1 der Präsentation. Für Schule, Studium und Beruf, 2. Aufl., Wiesbaden.

Rettenwender, E. (2016), PSYCHOlogie, 5. Auflage, Linz.

Schlick, C./ Bruder, R./ Luczak, H. (2010), Arbeitswissenschaft, Springer, Heidelberg

Seiwert, L. (1988), Mehr Zeit für das Wesentliche. ,8. Aufl., Landsberg am Lech.

Seiwert, L. (2009), Noch mehr Zeit für das Wesentliche – Zeitmanagement neu entdecken, 1. Aufl., München

Seiwert, L. (2012), 30 Minuten Zeitmanagement, 18. Aufl., Offenbach

Seiwert, L. (2014), das 1 x 1 des Zeitmanagements, GRÄFE und UNZER Verlag, 36. Aufl, München

Seneca, L.A., (4 v.Chr. – 65 n.Chr.) De Brevitate Vitae (Von der Kürze des Lebens) 1, 3; Original lat.: "Non exiguum temporis habemus, sed multum perdidimus."

Storch, M. (2011), Motto-Ziele, S.M.A.R.T.-Ziele und Motivation. In: Birgmeier, B.(Hrsg.), Coachingwissen. 2.Aufl., Wiesbaden, S.185-205.

Weisweiler, S./Dirscherl, BJ./Braumandl, I.: Zeit- und Selbstmanagement. Ein Trainings-manual – Module, Methoden, Matherialien für Training und Coaching. Heidelberg. 2013

Internetquellenverzeichnis

Ute Jürgens in Berufskrankheit Perfektionismus: Fluch oder Segen? https://www.aerzte-blatt.de/treffer?mode=s&wo=17&typ=16&aid=78557&s=Pareto (abgerufen am 09.07.2019)

Cay von Fournier in Zeitmanagement: Fest umrissene Ziele und klare Prioritäten https://www.aerzteblatt.de/treffer?mode=s&wo=17&typ=16&aid=24205&s=Eisenhower (ab-gerufen am 09.07.2019)

Vanessa Thomas in Zeit & Stress: http://www.veganessa.com/de/portfolio/unternehmensbe-ratung/zeit-stress (abgerufen am 06.07.2019)

https://www.schultrainer.de/wp-content/uploads/2018/11/SMART-1024x469.png (abgerufen am 06.07.2019)

Nikolas Westerhoff in Die Illusion vom großen Wandel: https://www.sueddeutsche.de/wissen/psychologie-die-illusion-vom-grossen-wandel-1.211547-2 (abgerufen am 09.07.2019) https://www.flowfinder.de/eisenhower-prinzip/ (abgerufen am 10.07.2019)

http://www.pawlik.de/wp-content/uploads/2016/08/Grafik_ALPEN-Methode_blau.jpg (abgerufen am 07.07.2019)

https://www.beyourbest.de/bilder/pareto-prinzip.gif (abgerufen am 07.07.2019)

Senges-Anderson., Fischl. (2010), Selbstmanagement. In: http://www.selbstmanagement-zentrum.de/heidelberg/downloads/smsm-coaching.pdf (abgerufen am 05.07.2019)

https://www.impulse.de/management/selbstmanagement-erfolg/eisenhower-prinzip/3558243.html (Abgerufen am 08.07.2019)

Senges-Anderson und Fischl in Selbstmanagement- Ein umfassender Ansatz für Coaching und Training: http://www.selbstmanagement-zentrum.de/heidelberg/downloads/smsm-coaching.pdf (abgerufen am 05.07.2019)

https://www.wiwo.de/erfolg/zeitmanagement-ziele-setzen-wie-warren-buffett/19340166.html (abgerufen am 08.07.2019)